par Joseph Garros
cf. LB⁵⁶. 222

# A PROPOS

## DE LA

# QUESTION D'ORIENT,

### SUIVIE

## D'UNE ÉPITRE A NAPOLÉON III

### Par Henri TOULOUSE,

Ancien Élève de l'Institut des Sourds-Muets de Toulouse.

Prix : 60 Cent.

TOULOUSE,
Imprimerie Gibrac OUVRIERS RÉUNIS,
Rue St-Pantaléon, 3, hôtel Laromiguière.
1855.

# PRÉFACE D'UNE PRÉFACE.

« La liberté n'existe point exclusivement dans la république, où les publicistes des deux derniers siècles l'avaient reléguée, d'après les publicistes anciens. Les trois divisions du gouvernement : monarchie, aristocratie, démocratie, sont des puérilités de l'école, en ce qui implique la jouissance de la liberté : la liberté se peut trouver dans une de ses formes, comme elle en peut être exclue. Il n'y a qu'une constitution réelle pour tout état : Liberté, n'importe le mode. »

Que les personnes qui liront ces quelques pages se pénètrent bien de ces paroles que nous empruntons à Chateaubriand.

Elles verront que nous n'attaquons point telle ou telle forme de Gouvernement ; c'est la liberté que nous prêchons au peuple ; liberté pure et sainte dont les fondements doivent reposer sur l'amour de la patrie et l'amour des concitoyens entr'eux.

Les plus grands obstacles aux progrès de la liberté sont les révolutions.

Bien convaincus de ces vérités, nous avons écrit lorsque nous avons entendu des personnes, foulant à leurs pieds ce qu'il y a de plus saint, l'amour de la patrie, désirer. ... Nous n'écrirons point leurs paroles, Français, notre cœur en aurait trop de honte.

Nous vous dirons seulement que ces personnes traitaient en petit comité la question d'Orient.

Pour nous, aucune personnalité ; nous n'avons pas été trop loin. Nous n'avons fait que dire tout haut ce que beaucoup murmurent tout bas.

Ce Livre, d'ailleurs, n'est pas un Livre. Ce n'est qu'une Préface à un autre Livre que peut-être nous ne publierons jamais, chose très-indépendante de notre volonté.

Pourquoi ?...

Si nous vous le disons, ce sera la Préface de ce Livre ; attendez donc.

Il y aura des mécontents.

Tant pis pour eux.

Mais, à vous tous qui l'approuverez, merci ; merci, non pour nous, merci au nom de la France.

Et votre estime, voilà ce que nous ambitionnons.

## GARDE A VOUS !!!

Un peuple est fort, puissant, heureux lorsqu'il sent bouillir dans son cœur l'amour de la patrie.

Les divisions politiques étouffent cet amour de la patrie, engendrent la haine des concitoyens, entraînent les guerres civiles.

Vérités incontestables, écrites la première en lettres dorées, la seconde avec du sang dans l'histoire de tous les peuples.

Et cependant lorsque l'assassin qui tue un de ses semblables est un objet d'horreur pour la société, l'homme politique qui, dans une pensée d'ambition, amène une révolution, fait massacrer des milliers d'hommes, est admiré non seulement par ceux de son parti, mais encore par les partis contraires, et l'on dit de lui : c'est *un vaste génie, un profond politique !*

Mais à toi, peuple, je le demande, de quel nom le flétrirons-nous ?

Où trouver en effet un être plus infâme que celui qui, après avoir versé ton sang dans la rue, te fait mourir dans la misère...

Et c'est toi que l'on charge encore des calamités publiques !

Le peuple est remuant, jamais content de ses chefs, toujours murmurant sous la main du pouvoir, il n'a pas plustôt un gouvernement, qu'il en désire un autre.

Oh ! comme l'on se joue de toi ! non jamais tu ne fis une révolution... Ce sont ces misérables chefs de parti qui t'ont alléché par leurs promesses mensongères, puis te prenant par la main ils t'ont conduit dans la rue, ils t'ont fait élever des barricades et ils t'ont chargé du soin de les défendre ; car ils savent bien, les lâches ! que tu n'es pas avare de ton sang !

Mais lorsque tu as abondamment versé ce sang, vainqueur ou vaincu, pour toi le résultat a été toujours le même.

Rentré dans ta famille, qu'as-tu vu ?

Une mère entourée d'enfants en bas âge, pleurant la perte d'un époux qui les nourrissait de son travail.

Un père désolé, étreignant dans ses bras rougis de sang le cadavre d'un fils mort à côté de lui sur une barricade.

De jeunes enfants se demandant pourquoi ils n'avaient plus revu les auteurs de leurs jours, depuis que la fusillade avait grondé dans la rue et mourant de faim sur leur grabat.

Ce sont là quelques détails semés dans chaque rue.

Puis vient la misère pour tous, pour celui qui a pris le fusil comme pour celui qui est demeuré dans ses foyers.

Le travail est suspendu, les ateliers sont fermés, le commerçant n'ose aventurer ses fonds...

Et lorsque le calme renaît, combien sont déjà morts de faim ou de désespoir !

Vainqueur ou vaincu, je me trompe, il y a une différence.

Vainqueur ! on élévera un monument aux mânes de tes héros !

Vaincu, tu auras encore l'exil !

Voilà l'intérêt que tu as aux révolutions !!!

On t'a fait de si belles promesses pour l'avenir, tu te bats, et tu oublies !

Moi je te dirai : *Il est des hommes qui n'oublient pas ; ils connaissent jusqu'au fond, dans ses moindres détails la misère dans laquelle te plongent les révolutions ; ils savent que de la paix et du calme seuls peut naître le bonheur pour toi. Mais ces hommes ont une pensée d'ambition à satisfaire ; ils* ont dit : le peuple !... Peu m'importe, pourvu qu'il me serve !... Je lui ferai élever des barricades, s'il triomphe, à moi le butin, à lui la misère !... S'il est vaincu, encore à moi un renom, de la gloire ! à lui la misère, la misère toujours !... et la punition, le mépris !...

Et ce sont eux qui te prêchent ces fallacieuses doctrines, cachant à tes yeux l'avenir si sombre sous de si brillantes promesses, comme l'assassin cache sous la poussière le sang qu'il a répandu. Le vent balaie la poussière, la tache de sang reparaît !

Voilà ce qu'ils ont dit, ce qu'ils ont fait, ce qu'ils feront !...

Peuple, que feras-tu désormais ?...

Te laisseras-tu prendre encore à ces appâts qu'ils savent si bien te tendre ?... Non !

Prends garde !... c'est qu'ils sont si rusés !!! Regarde! Mais ils te tiennent déjà dans leurs mains !..

Cette année, le pain est bien cher !... D'abord tu as été étonné, car l'année est riche en céréales..... Je t'entends murmurer déjà.... tout bas, c'est vrai ; mais contre qui ? contre le pouvoir !

Je te le disais bien, ils te tiennent! ils te tiennent !

Ne vois-tu donc pas le piège où l'on veut te faire tomber ?

N'auras-tu donc jamais des yeux pour distinguer celui qui fait tout ce qu'il peut pour toi d'avec ceux qui trament contre lui et contre toi ?...

Prends garde ! prends garde !!!

# FEU !!!

Si l'on ne considère comme membres d'un parti politique que ceux qui, partageant les principes et les opinions de ce parti, croient que ces opinions et ces principes sont les meilleurs pour amener le bien de tous, nous verrons les différents partis politiques réduits à bien peu de sujets. En jetant donc un coup d'œil sur ces partis politiques, nous dirons quels sont ceux qui viennent en augmenter si considérablement le nombre.

Il est un moment dans la vie où le jeune homme, jetant les yeux sur son avenir, croit lire dans cet avenir jusqu'au moindre événement : bonheur, malheur, il a tout prévu.

Cette époque, ce moment, c'est la veille de quitter les bancs du collége.

Enfermé depuis huit ou neuf années dans ses murs, entré enfant, il va sortir jeune homme. Jusque-là il n'avait eu qu'une tâche, qu'un souci :

Studieux, de faire le matin son thème pour le soir ; le soir, son thème pour le matin. Paresseux, de se soustraire à ce travail.

Il a bien jeté quelquefois les yeux sur l'avenir ; mais il était si loin !...

Demain! demain! Oh comme cet avenir est près! Comment ne pas y lire!

Demain! il quittera le collége et sa livrée pour revêtir un paletot et s'armer d'une canne et d'un cigare, deux choses indispensables pour établir sa position sociale dans le monde. Il y a déjà mûrement réfléchi!... Tout-à-coup, il s'aperçoit qu'une autre arme lui manque, presque aussi indispensable que les deux premières : *une opinion politique!!...*

Que sera-t-il?

Le choix n'est pas douteux : de même que le premier pantalon qu'il commandera à son tailleur sera de la coupe la plus excentrique, de même son opinion ne peut être que de l'opposition.

Il sera républicain ou légitimiste.

## RÉPUBLICAIN!!

Un sentiment généreux pouvait vivre encore dans le cœur du jeune homme qui, au sortir du collége, s'est dit : Je serai *républicain !*... Une juste égalité pour tous, à tous le bonheur et la richesse !...

Mais le temps est venu; une à une ses illusions sur la liberté et le bonheur des peuples ont été effacées par la main de l'expérience. Il a compris l'impossibilité de ses rêves.

Cependant le croyant d'autrefois, aujourd'hui incrédule, s'est fait le prédicateur de choses qu'il ne croit plus.

C'est que la débauche et l'ambition ont corrompu ce cœur.

Aujourd'hui, ce n'est plus le bonheur des peuples qu'il cherche... républicain, il peut devenir chef de son parti; chef de son parti, une révolution peut le porter à la tête du pouvoir.

O homme sensé ! tu appelles folies de ton enfance ce temps où, après une Ode à la Vierge, une Idylle à ta Mère, tes rêves te montraient un peuple le front ceint de lauriers et de roses, prosterné devant l'autel de la patrie, chantant un hymne national.

Comme ce peuple était heureux!!...

Belle et sublime République! Les citoyens revêtus de la toge antique, tous égaux, défilaient devant tes yeux la douce fraternité dans le cœur ; à leur barbe plus blanche, à leur front plus majestueux, on reconnaissait les pères (*patres*) de ces mortels fortunés, car il n'y avait pas d'insignes pour distinguer les grands d'avec les petits ; tous vivaient dans l'abondance ; les richesses appartenaient à l'État, et le luxe n'était déployé que pour orner l'autel de la patrie.

Si, à juste titre, tu appelles ces illusions folies de ton enfance, par quelle épithète caractériserons-nous la raison de ton âge mûr?...

Lorsque tu as compris l'impossibilité de tes rêves, après t'être dit: *O tempora! ô mores!* L'ambition et l'égoïsme sont les vertus de ce siècle ; pour cette sublime république, il faut un peuple parfait; elle est impossible!... Qu'as-tu fait?...

As-tu essayé d'émonder les vices enracinés dans la Société?...

Non, tu ne t'es pas arrêté un seul moment pour déplorer la corruption de ces hommes ; ta raison t'a fait voir l'impossibilité de les rendre parfaits, et alors... alors tu t'es fait plus méchant qu'eux!...

... Plus méchant ! que dis-je ? il n'est pas d'épithète que l'on puisse accoler à ton nom ! et ce peuple que tu trouvais trop corrompu rougit aujourd'hui de t'avoir nourri dans son sein.

Non ; ce n'est plus le bonheur des peuples que tu cherches ; les honneurs, les richesses, voilà ce qu'il te faut, seules choses aujourd'hui qui fassent tressaillir... j'allais dire ton cœur ; tu n'en a pas, et pour arriver à ton but, que t'importe la misère que tu verses sur ce peuple, le sang que tu lui fais répandre !

O être infâme, ta main parricide enfonce le poignard à coups redoublés dans le cœur de la patrie ; car ce sang qui coule à flots est son sang le plus précieux, et tu le sais bien.

Vois sous les murs de Sébastopol ces hommes enfants du peuple, se riant de la mitraille et fiers de mourir pour la France ; peu leur importe le culte grec et la question d'Orient ! Aujourd'hui, comme sur les barricades, beaucoup ignorent pourquoi ils se battent ; mais le drapeau aux trois couleurs ! ! ! c'est tout, tout pour eux ; il sont là, et l'aigle ne sera point arrêté dans son vol ! O la France ! vive la France !... la France qui vit dans le cœur du peuple où se sont réfugiés tous les sentiments généreux depuis que les grands ont pris le monopole des vices.

Nous venons de voir quels sont les plus fervents prédicateurs du républicanisme, disons quels sont ses plus fervents prosélites.

Ils sont tous républicains, ces hommes avides de pillage, qui sont venus se réfugier dans les villes depuis que la buffleterie jaune les a chassés des grands chemins ; demandez son opinion politique à un forçat en rupture de ban : Républicain ! républicain ! Vite, vite, une révolution ; alors il y a pour tous les goûts, le sang et le pillage !

Détournons les yeux, le dégoût nous serrerait trop le cœur.

Viennent ensuite ces faiseurs d'utopies, grandes gens aux cerveaux creux, vrais chercheurs de la pierre philosophale.

Faut-il les compter pour quelque chose ?

Heureusement ce sont les moins nombreux. Attendons, d'ailleurs, avant de leur faire l'honneur d'un chapitre, qu'ils puissent comprendre cette fable de La Fontaine : *Le Renard et le Buste*

Où sont donc les vrais républicains, ceux qui veulent parce qu'ils croient ?

C'est encore parmi le peuple qu'il faut aller les chercher.

Gens peu instruits, ne pouvant embrasser une question politique dans tout son ensemble et sur tous les points, ils se sont laissé égarer par de belles paroles, par de merveilleux systèmes étalés devant leurs yeux, mais ceux-là seront bientôt convertis ; car, cœurs généreux, ils ne craindront pas de revenir en arrière en disant : J'ai eu tort... J'ai fait un beau rêve ; mais ils trembleront lorsque, récapitulant dans leur esprit, ils diront :

*Républicanisme! association d'hommes sans cœur, avec les voleurs, les assasins, les forçats en rupture de ban, etc., etc.* (1).

---

(1) L'auteur croit utile de rappeler ici ce qu'il a déjà dit dans sa Préface et dans le chapitre précédent.

Par républicanisme il n'entend point parler ici de la forme du gouvernement (république.) Il désigne seulement ceux qui viennent en si grand nombre proclamer cette opinion sous laquelle ils cachent la turpitude de leurs désirs.

# LÉGITIMISTE !!

J'ai dit qu'un sentiment généreux pouvait faire battre le cœur du jeune homme qui, au sortir du collége, s'est dit : *Je serai Républicain*. Hélas ! il n'en est pas de même de celui qui a dit : *Je serai légitimiste*.

Oh ! non ! le cœur n'influera jamais sur aucune action de la vie de l'enfant issu de parents pauvres, fils d'un artisan ou d'un laboureur qui se sont imposé de bien dures privations pour donner une éducation qu'eux-mêmes n'ont jamais reçue, à ce fils qui déjà leur en témoigne sa gratitude en disant : *Je serai légitimiste*.

Je serai légitimiste !.... C'est-à-dire, je rougirai de mon père... un honnête homme n'est pas digne de m'avoir donné le jour, lorsqu'il ne peut accoler à ce titre une couronne de *comte*.

J'habiterai dans une grande ville ; grâce à mon talent et à l'éducation que j'ai reçue, je m'y ferai une position. Je m'élèverai au-dessus du vulgaire. Là on ignorera mes parents. Je saurai bien allonger mon nom, et, légitimiste, les grands salons s'ouvriront devant moi.

Puis une révolution peut bien ramener sur le trône celui qui vit aujourd'hui dans l'éxil.... qui sait alors?... mon dévouement peut recevoir sa récompense ; et je pourrai faire peindre une couronne ou un tortis sur les panneaux de ma voiture !!!

Tels sont les sentiments de ce grand nombre de légitimistes, fils d'artisans, de laboureurs, de négociants ou de rentiers; et c'est à eux que les nobles ont, en grande partie, confié le soin de faire la propagande.

Peuple! légitimiste ou républicain, pèse toujours dans la même balance ceux qui prêchent la révolte.

Ils se disent encore légitimistes ceux qui veulent faire oublier la source de leur immense fortune, fruits spéculations honteuses pour l'humanité!..

Viennent se ranger à leur tour les *chevaliers d'industrie* vivant de la bouillote et de l'écarté et de bien d'autres choses encore !!...

O nobles, ne vous indignez pas tant !... ne criez donc pas si haut !... Si c'est chose si commune aujourd'hui qu'un chevalier d'industrie s'affublant d'un grand nom. Ce n'est pas non plus chose inouïe qu'un grand nom profitant de ses avantages pour exercer la profession de *chevalier d'industrie*.

Nobles !... Si nous respectons encore vos titres de noblesse, c'est que vos aïeux les ont gagnés sur les champs de bataille où ils frappaient de rudes coups aux cris de *France !.. France !..*

Mais, vous, qu'avez-vous fait ? Héritiers de leurs titres, avez-vous hérité de leur noble cœur, de leur mâle courage ?... Le dernier de nos soldats ne vaut-il pas mille fois plus que vous ?

Autrefois le père mourant léguait son épée à son fils, et, les yeux fixés sur son blason sans tache, il mourait sans regrets.

Aujourd'hui, sur son lit d'agonie, vous lui arrachez sa fortune et son avarice; et s'il vous lègue quelque chose, ce sont ses préjugés contre le peuple; car vous ne faites plus partie du peuple Français ; ce n'est pas moi qui l'ai dit, c'est vous !..

Oh! comme la rougeur vous monterait au front si l'on disait de vous : *C'est un homme du peuple !...*

Un homme du peuple!... Oh ! non, vous ne l'êtes pas !.. De même que celui qui a renié son Dieu n'est plus chrétien, pas plus qu'il n'est juif ou mahométan, mais un apostat, vous n'appartenez plus à aucun peuple, renégats qui avez rougi de ce nom !..

Et cependant ce peuple que vous méprisez tant ne vout hait pas ; il n'est point jaloux de vos richesses, lorsqu'il a tant de peine à gagner un peu de pain !.. votre luxe !.. mais il l'aime !.. C'est avec joie, je dirai même avec orgueil, qu'il contemple vos brillants équipages ; il admire le blason resplendissant d'or qui s'étale sur vos portières ; si parfois il murmure, c'est que trop souvent votre char l'éclabousse ; mais la roue qui fait rejaillir la fange sur ses vêtements salit aussi votre blason.

Aujourd'hui je m'arrête encore, je ne veux pas fouler aux pieds le paravent doré derrière lequel vous cachez tant de honte et d'ignominie.

J'attends, car nous pourrons être fiers de vous donner vos titres en songeant à vos aïeux, lorsque nous vous verrons redevenir dignes d'eux. Le peuple ne vous rejettera plus de son sein quand vous ne serez plus traîtres à la Patrie.

# PRÊTRES!!

Aujourd'hui, l'opinion politique a tout corrompu; elle n'a point respecté le seuil des couvents; son pied sacrilége l'a franchi et elle est venue porter le trouble dans ces cœurs qui voulaient fuir le monde pour se retirer avec leur Dieu.

Combien seront tombés dans ce piége que le démon leur tend!...

L'orgueil est le plus grand ennemi du salut; et quel est celui qui dira qu'il n'y a point d'orgueil dans le cœur du Prêtre qui, oubliant d'annoncer la parole divine au peuple, l'entretient de l'esprit des factions?

Le Christ a dit à ses apôtres d'aller dans le monde et d'y enseigner sa parole jusqu'à la fin des siècles.

Or, la parole du Christ fut une parole de paix.

Il avait déjà répondu à ceux qui le tentaient : *Rendez à César ce qui est à César.*

Ces paroles, je le sais, ont été interprêtées, et les républicains comme les légitimistes se les sont appropriées.

Mais, vous, prêtres, peuvent-elles être obscures pour vous ?

*Le Christ ne vous dit-il pas assez clairement : Obéissez aux Rois, aux Empereurs que je vous donne ; que votre mission soit la mienne ! allez !* et sous la robe de l'apôtre des missions, comme sous celle du Dominicain, vous tous qui venez vous ranger autour de ma croix, allez ! prêchez aux grands comme aux petits la charité ! La charité ! que le riche, que le fort aime le pauvre et protége le faible ! allez ! Vous aurez beaucoup de misères à soulager, vous aurez à combattre contre l'hérésie et contre les corruptions !

O Prêtre ! n'avez-vous donc plus d'ennemis à combattre ? N'y a-t-il plus de gens qui doutent du Christ, de sa mission, de ses paroles ?

Prêtres ! la parole divine est-elle assez répandue que vous n'ayez plus à instruire ?

Prêtres, avez-vous entièrement déraciné du monde, l'orgueil, l'avarice, la gourmandise, l'envie, la luxure, la colère et la paresse ?

Prêtres ! prêchez !

Que répondrez-vous au Christ, lorsqu'au jour du jugement, vous montrant la croix sur laquelle il fut attaché, il vous dira : Je suis mort sur cette croix afin de racheter tous les hommes ; n'y eût-il qu'un homme à sauver, je n'aurais point reculé devant mon supplice ; car je suis mort pour tous, pour tous ! A toi, je t'avais confié ma mission, je t'avais choisi pour apôtre, et maintenant, vois, regarde le nombre des âmes que tu as ramenées vers moi et compte maintenant celles que tu as perdues, qui, sans toi, seraient sauvées. Vois ces hommes morts sans confession au milieu des barricades où ta parole les avait entraînés.

Tu n'ignorais pas cependant que c'est dans ma colère que j'envoie les fléaux aux peuples ; car il faut qu'ils expient ; à tes prières, je sais faire grâce, et c'est toi, au lieu d'arrêter mon bras prêt à frapper, c'est toi qui as appelé le plus terrible de ces fléaux...

O prêtres ! ce n'est point à moi à vous rappeler les paroles de Dieu!...

Je ne songe qu'à la grandeur de votre mission sur la terre.

Qu'il est beau ! qu'il est sublime le Prêtre, à la parole simple, au cœur fervent, enseignant aux riches comme aux pauvres, l'amour du prochain!...

*

Vous pouvez étendre bien loin votre puissance sur le monde, quand la charité est dans votre cœur !

Que d'infirmités, que de misères, vous êtes appelés à soulager !...

Et puis, votre politique ! la politique du Christ ! qu'elle est belle ! «Aimez-vous les uns les autres!...»

Oh ! le Christ avait bien raison de le dire, la charité, c'est la première vertu, et lorsque vous, apôtres de la grande mission, vous aurez rempli tous les cœurs d'amour, les peuples seront heureux !...

# FRANÇAIS !!!

Français ! le sol de notre belle patrie est fertile en cœurs généreux, en nobles dévouements. Mais, hélas ! des doctrines pernicieuses y jettèrent aussi leurs semences.

Ouvriers négligents, nous laissâmes croître la mauvaise herbe, et le froment fut étouffé par l'ivraie.

Alors, le Dieu des armées, Dieu terrible quand il punit, a déchaîné les orages des révolutions.

Quel affreux spectacle s'offre à nos yeux ! Partout la désolation ! pas un village, pas un hameau, pas une chaumière qui soit épargnée !

Discordes civiles !... terribles fléaux qui, vous jouant des nations les plus puissantes, les roulez un instant dans la fange et les entraînez au néant !

En vain le vieillard aux cheveux blanchis par l'expérience étend sa main tremblante entre ses enfants : le frère s'arme contre le frère, le fils contre le père !..

le dirais-je ?... l'épouse contre l'époux, la fille contre la mère !..

France ! France ! que fais-tu ?

Les nations épouvantées se cramponnent à leur base, craignant d'être entraînées dans ta chute; car tu tombes! tu tombes !...

Mais non, Dieu une fois encore a pitié de toi. Pour te sauver, il permit qu'un homme laissât tomber son nom dans l'urne où, plongeant la main, tu allais élire le chef qui devait te conduire à ta ruine.

Ce nom, quel est-il ? Napoléon Bonaparte.

Tu te sens tressaillir, tu es sauvée ! Il domine les cris discordants des factions. Ce n'est plus l'écho d'un parti, c'est la gloire de la France. A cet appel, tous les cœurs qu'un sentiment généreux anime encore, viennent se ranger sous le même drapeau.

Napoléon, ma main tremble encore en l'écrivant aujourd'hui, comme tremblaient ces braves soldats de l'Empire devant le chef qui les conduisait à la gloire.

O France ! sache profiter de la miséricorde de Dieu, écrase sous tes pieds tout germe de désunion et de révolte.

Citoyens français, ennemis des tyrans, nous voulons être libres !

Confions donc notre liberté à celui qui peut écraser la main profane qui voudrait la souiller !

Que le monde retentisse encore de ce cri : *Vive la France !*

Que le nom de Français dise à l'étranger : *Gloire et amour de la patrie !*

Vaillants soldats ! quand il s'agit de défendre nos frontières, n'ayons pas moins de courage pour chasser l'ennemi dangereux qui se cache au sein même de la patrie !

Le passé est là. Les révolutions sont les grands fléaux que Dieu envoie sur la terre quand sa colère s'appesantit sur les peuples, et sa main seule élève et renverse les trônes.

Soyons donc fidèles à notre gouvernement. La liberté, le bonheur en seront la récompense.

Ralliés sous le même drapeau, lorsque l'amour de la patrie enflammera tous les cœurs, il n'y aura plus de haine, de jalousie, ni d'envie ;

Car la patrie, c'est tous, tous ceux qui veulent la gloire et le bonheur de la France.

Le riche pourra-t-il laisser mourir dans la misère celui dont le sang est prêt à se verser pour la France?

Le pauvre pourra-t-il porter envie aux richesses de celui qui, d'une main, répand sur lui ses bienfaits et de l'autre offre ses trésors à l'Etat?

Citoyens, la liberté, le bonheur sont là.

Plus de discordes civiles! Il ne peut y avoir en France qu'un seul parti, celui dont le cri de ralliement est : *Vive la France! Béni soit l'Empereur !!!*

# HOSANNA !!.

Gloire ! honneur ! à ceux qui foulant à leurs pieds ambition, égoïsme, préjugés, se dévouent à la patrie, c'est-à dire au bonheur du peuple.

Français ! soyons fiers de tels hommes !

Leur passé !... que nous importe !...

Ce ne sont plus des républicains, des legitimistes, ce sont de nobles citoyens de l'Empire.

Ils ont entendu les gémissements de la patrie agonisante ; d'une main convulsive, ils ont arraché le double bandeau que l'opinion politique serrait sur leurs yeux et leurs cœurs pour les empêcher de voir et de sentir... Ils ont reculé d'horreur... C'était eux, eux ses enfants, qui retournaient le poignard dans son sein.

Gloire à eux ! honneur à eux ! ils n'ont pas succombé dans un stérile désespoir ; ils ont dit : c'est sous nos coups, que la France expirait, c'est à nos soins de la faire revivre.

Hosanna ! hosanna ! voyez-les ! voyez-les !... Ils

s'avancent et leur front reflette la pureté qui règne aujourd'hui dans leurs cœurs.

Gloire à eux ! Ils s'empressent autour du chef que Dieu a envoyé à la France ; ils déposent à ses pieds leurs talents, leur expérience qu'ils veulent désormais consacrer au bien de la patrie.

O peuple! tu seras heureux, car ceux-là descendront jusqu'à toi ; tu leur es cher ; ils s'occuperont de ton avenir et te donneront du travail.

Hosanna ! hosanna ! ils ne rougiront point de ton nom, ils mêleront leurs voix dans l'immense chœur :

Vive la France !!!

# À NAPOLÉON III.

Prince, depuis deux ans que Dieu dans sa puissance
A mis entre tes mains le destin de la France,
De l'éclat dont la gloire aime à l'environner,
Aux yeux de l'univers tu la fais rayonner.
Pour l'élever plus haut, pour la rendre plus belle,
Tout ce qu'on fait pour toi, tu l'acceptes pour elle ;
Heureux d'en être aimé, content de la servir,
Pour elle tu sais vivre et tu saurais mourir.
Comme un amant jaloux de plaire à sa maîtresse,
Au moindre de ses vœux, tu fais une promesse ;
Et jamais à son cœur bercé d'un doux espoir
Au lieu d'un beau ciel bleu, tu n'offres un ciel noir.
Chaque heure de tes jours, chaque instant de tes veilles,
Tu vois sans fin pour elle enfanter des merveilles.
Entre les nations, sur la terre et les mers,
Ton amour la fait reine au sein de l'univers.
Tes aigles tour à tour du couchant à l'aurore,
Vont promener au loin son drapeau tricolore.
Nul endroit sous le ciel où les peuples surpris
N'aient vu, pleins de respect, flotter ses nobles plis.
Sus ses puissans vaisseaux, Albion elle-même
De la France aujourd'hui porte le riche emblême,
Elle l'aime, l'admire, et la France à son tour,
En échange du sien, lui donne son amour.
Dans la lice où le sort pour vaincre les rassemble,
En se touchant la main toutes deux vont ensemble ;
La sincère amitié les joint par ses douceurs.
Rivales autrefois, elles deviennent sœurs.
Et, pour mieux resserrer cette union nouvelle,
En cueillant les lauriers d'une gloire immortelle,
Leurs fils dans les combats versant leur noble sang,
Contre le Russe altier luttent au même rang.

Honneur et gloire à toi, monarque magnanime !
Ton cœur est aussi grand que ton nom est sublime ;
Bon et compatissant, du fond de ton palais,
Sur ton peuple en tous lieux tu répands tes bienfaits.
L'éclat de la grandeur n'enivre point ton âme,
Tu bannis loin de toi l'adulateur infâme,
En toi toute vertu rencontre un protecteur,
Et tout vice impudent un sévère censeur.

www.ingramcontent.com/pod-product-compliance
Lightning Source LLC
Chambersburg PA
CBHW060727050426
42451CB00010B/1660